LETTRES

SUR

LE CONGRÈS

D'AIX-LA-CHAPELLE.

(N° 3.)

Prix : un franc.

A PARIS,

CHEZ J. L. CHANSON, IMPRIMEUR-LIBRAIRE,
RUE DES SAINTS-PÈRES, N° 10.

DELAUNAY, ET PÉLICIER, AU PALAIS-ROYAL.

ET A LONS; CHEZ VANACKERE, LIBRAIRE.

OCTOBRE 1818.

LETTRES

LE CONGRÈS

D'AIX-LA-CHAPELLE

3ᵐᵉ Lettre.

DE L'IMPRIMERIE DE J.-L. CHANSON,
RUE DES GRANDS-AUGUSTINS, N° 10.

TROISIÈME LETTRE.

Paris, ce 6 octobre 1818.

Fidèle à la série des questions que je me suis proposé de développer successivement (1), je crois qu'il ne me reste rien à dire, après ma seconde lettre, sur l'évacuation de la France; et j'espère que le mois d'octobre ne sera pas écoulé sans que je vous annonce qu'il ne reste rien à faire, pour accomplir l'œuvre de notre indépendance. Je ne reviendrai donc sur ce sujet que pour vous faire part des circonstances isolées qui prouvent des apprêts d'évacuation, et pour vous annoncer la décision solemnelle, près d'émaner du congrès, en faveur de nos droits.

----

(1) L'évacuation de la France. — La sainte alliance et la coalition. — Les constitutions promises. — L'Allemagne fédérative. — Les différends entre Baden et la Bavière. — Les exilés. — Les prétentions respectives de l'Espagne et du Portugal. — L'indépendance des colonies espagnoles. — L'occupation des Florides. — Les réclamations du prisonnier de Sainte-Hélène. — L'Inde et la Perse. — La destruction des gouvernemens barbaresques. — La situation de l'Italie. — L'influence de la cour de Rome. — La fusion des Belges et des Hollandais. (*Voir la 1re Lettre.*)

A la suite de la question de notre indépendance, comme nation, vient naturellement se placer celle de notre influence et de notre rang, comme puissance européenne. Si nous ne devons plus voir que des alliés dans ceux en qui nous vîmes des ennemis, nous ne verrons plus qu'une alliance dans la coalition, et cette alliance n'existant plus contre un peuple, mais bien dans l'intérêt de tous, nous y entrons par la force des choses, autant que par celle de notre position et de notre prépondérance. Une coalition suppose un but d'attaque, et personne ne pense à soutenir une guerre; elle peut encore avoir pour prétexte la garantie des traités souscrits, et nous avons accompli ceux qui pesaient sur nous. Au nom de la paix et de la justice, la coalition est donc dissoute; et si la France occupait en Europe le cinquième rang, (parce que quatre puissances étaient réunies contre elle seule), rendue désormais à son existence politique, elle recouvre à la fois, son influence, et reprend immédiatement, son rang alphabétique dans la nomenclature des puissances européennes. Telle est la conséquence inévitable de l'accomplissement des conventions diplomatiques. La *coalition* nous a fait la guerre; la *fédération de quatre* puissances a surveillé l'exécution des traités. Aujourd'hui la paix et notre libération nous introduisent forcément dans l'alliance européenne;

on ne dira plus seulement les *quatre grandes puissances* : dès que la France recouvre son indépendance nationale, elle remonte à son rang politique, et certes, on n'imaginerait pas de la compter au nombre des puissances du second ordre. Dire qu'elle devient libre, c'est donc annoncer qu'elle devient forte : déclarer son indépendance, c'est proclamer qu'une *cinquième* puissance s'élève au niveau des autres, qui ne comptaient par *quatre* que parce qu'elles étaient réunies contre la *cinquième*, qui fut si long-temps la première.

Ce bénéfice diplomatique de notre indépendance nationale, nous est assuré d'avance par l'adhésion du gouvernement français à l'acte solemnel de la *sainte alliance* que vous avez trop long-temps confondu avec les traités particuliers qui unissaient, contre la France, les cabinets européens. L'occupation militaire de notre territoire, et la fixation des tributs n'étaient que les conséquences des conventions secrètes, arrêtées au congrès de Vienne à l'époque du débarquement de Buonaparte à Cannes, des traités respectifs de puissance à puissance qui sont nés du danger commun, à la suite de la révolution des cent jours, et enfin des dispositions du traité du 20 novembre 1815. L'acte de la *sainte alliance* est indépendant de la position particulière de la France : il n'a été conçu ni contre elle, ni sans elle. Le Roi y a souscrit, comme les autres souverains, et avant la plupart d'entre eux. Mais vous ne vous êtes pas tenu vous-même en garde contre les insinuations dont l'existence de cet acte a fourni le prétexte à la mauvaise foi des partis, ou aux exagérations des alarmistes; pour mieux fixer vos idées sur ce point, je crois devoir remettre sous vos yeux le texte de cette importante convention: vous reconnaîtrez combien les dispositions en sont étrangères aux circonstances qui ont passagèrement pesé sur nous. Vous y verrez qu'il ne s'agit point des destins de la France, mais de ceux de l'humanité, et surtout de ceux des couronnes.

TRAITÉ DE LA SAINTE ALLIANCE.

(Traduit d'après une version anglaise.)

Convention entre LL. MM. l'empereur de Russie, l'empereur d'Autriche et le roi de Prusse.

Au nom de la très-sainte et indivisible Trinité,

LL. MM. l'empereur d'Autriche, le roi de Prusse et 'empereur de Russie, en conséquence des grands événemens qui ont marqué le cours des trois dernières années en Europe, et spécialement des bienfaits qu'il a plu à la divine Providence de répandre sur les Etats qui placent leur confiance et leur espérance en elle seule, ayant acquis l'intime conviction de la nécessité de fonder la règle de conduite à tenir par les puissances dans leurs rapports respectifs, sur les vérités sublimes que la sainte religion de notre Sauveur nous enseigne;

Déclarent solennellement que le présent acte n'a pas d'autre objet que de proclamer à la face du monde entier, leur résolution inébranlable, tant dans l'administration de leurs États respectifs, que dans leurs rapports politiques avec tout autre gouvernement, de prendre pour seul guide l'esprit de cette sainte religion : nommément les principes de justice, de charité chrétienne et de paix, qui, loin de n'être applicables qu'à des intérêts privés, doivent avoir une influence immédiate sur les conseils des princes, et régler toutes leurs démarches, comme étant le seul moyen de consolider les institutions humaines et de remédier à leurs imperfections ; en conséquence LL. MM. sont convenues des articles suivans :

Art. Ier. Conformément aux paroles des saintes Écritures, qui commandent à tous les hommes de se regarder comme des frères, les trois monarques contractans resteront unis par les liens d'une sincère et indissoluble fraternité, et se considérant comme des concitoyens, ils se prêteront en tout temps et en tous lieux aide et assistance ; et se regardant à l'égard de leurs sujets et de leurs armées comme des pères de famille, ils les gouverneront dans le même esprit de fraternité dont ils sont animés, à l'effet de protéger la religion, la paix et la justice.

II. En conséquence, l'unique principe de rigueur, soit entre lesdits gouvernemens, soit entre leurs sujets, sera de se rendre les uns aux autres tous services réciproques, et de témoigner, par une bienveillance inaltérable, l'affection mutuelle dont ils sont portés à se regarder comme membres d'une seule et même famille chrétienne ; les trois princes alliés se regardant eux-mêmes comme simplement délégués par la Providence pour gouverner trois branches d'une famille, savoir, l'Autriche, la Prusse et la Russie. Reconnaissant que le monde chrétien dont eux et leurs peuples font partie, n'a pas en réalité d'autre souverain que celui à qui seul appartient toute puissance, parce qu'en lui seul sont les trésors d'amour, de science et de sagesse infinie, c'est-à-dire, Dieu notre divin Sauveur, la Parole du Très-Haut, la Parole de vie. En conséquence LL. MM. recommandent à leurs peuples, avec la plus tendre sollicitude et comme le seul moyen de jouir de cette paix qui naît d'une bonne conscience et qui seule est durable, de se fortifier eux-mêmes chaque jour de plus en plus dans l'exercice des devoirs que le divin Sauveur a enseignés au genre humain.

III. Toutes les puissances qui jugeront devoir solemnellement professer les principes sacrés qui ont dicté le présent acte, et qui reconnaîtront combien il importe au bonheur des nations trop long-temps agitées, que ces vérités exercent désormais sur les destinées du genre humain toute l'influence qui leur appartient, seront reçues avec la même ardeur et la même affection dans cette Sainte Alliance.

Fait en triplicata, et signé à Paris, l'an de grâce 1815, 14 (26) septembre.

(L. S.) FRANÇOIS.
(L. S.) FRÉDÉRIC-GUILLAUME.
(L. S.) ALEXANDRE.

Est-ce le Roi très-chrétien, le Roi de France, est-ce le Peuple, déclaré *fils aîné de l'Église*, qu'on pouvait craindre de voir exclus de cette alliance, jurée au nom des principes de la religion, et dont l'un et l'autre vont recueillir aujourd'hui les premiers fruits par l'évacuation du royaume : *rendez à César ce qui appartient à César.*

Cessez donc de confondre la *sainte alliance* qui existe toujours, avec la *coalition* qui vient d'expirer. L'une est la consécration d'un grand principe, et doit durer autant que lui. L'autre

était un accident de fait, qui cesse avec les circonstances dont il était né. L'Europe n'est plus
coalisée contre la France: et le cabinet des Thui-
leries est allié avec les cabinets européens. Telle
est notre position relative, comme puissance;
et les prérogatives nous en sont assez garanties
par notre importance, comme nation.

Ne cherchons donc point l'emplacement d'un
camp européen : il n'y en aura plus : chaque
puissance retire ses troupes chez elle. Chaque
gouvernement veillera pour lui-même; c'est le
plus sûr moyen de veiller pour les autres. Que
chacun maintienne la paix chez lui, elle régnera
par-tout : trop de soins au dehors causent souvent de grands embarras au dedans; après s'être
tant occupés de la France, sans doute les peuples étrangers éprouvent un peu le besoin de
s'occuper d'eux-mêmes. Cambray mérite aujour-
d'hui, de la part des anglais, moins d'attention
que Manchester : la Prusse a peut-être plus à
songer aux départemens qui ne sont plus français, qu'à ceux qui le sont encore : l'Italie ne
manque pas de donner quelques soins au cabinet
de Vienne : l'Empereur Alexandre poursuit sur
ses propres États les plus nobles conquêtes,
celles des lumières et de la civilisation : le nouveau monde distrait aussi les calculs de l'ancien : tandis que la France, repliée sur elle-
même, suit avec constance et courage l'œuvre
plus qu'à demi consommée, de sa restauration

intérieure, et du développement des institutions libérales qu'elle vient d'obtenir au prix de tant de sacrifices.

J'attends de votre part et préviens l'objection la plus sérieuse, celle de la nécessité, pour les souverains, de réprimer désormais les tentatives d'usurpation de la part des compétiteurs de chaque couronne, car vous supposez un double emploi dans l'organisation politique de presque tous les États européens. N'êtes-vous point séduit par une fiction de M. l'abbé de Pradt qui voit double, toujours et par-tout, depuis qu'il existe dans le monde chrétien deux archevêques de Malines, l'un résidant, et l'autre non. « On » dirait, lisons-nous dans l'ouvrage le plus marquant de ce fécond écrivain (1), « on dirait » qu'il y a deux Europes, politiquement, civi- » lement et religieusement ; la Suède a un roi re- » connu et un roi réclamant ; il y a peu de jours » que le trône de Naples comptait deux compéti- » teurs ; il y a peu de jours que les comptes sont » apurés entre Charles IV et Ferdinand VII ; » plusieurs hommes encore vivans ont régné » où d'autres régnent aujourd'hui ; la Suède » et la Norwége, la Hollande et la Belgique, la » Russie et la Pologne, la Prusse et la Saxe, » l'Autriche et l'Italie, le Piémont et Gênes pré- » sentent des réunions et incorporations totales

______

(1) Du Congrès de Vienne, ch. 96.

» ou partielles, souvent à titre d'égalité, quel-
» quefois même de supériorité. Quelques-uns
» de ces États suivront leurs propres lois : ainsi
» la Norwége a sa diète à part.

» Les divisions de la Pologne attachées à la Rus-
» sie, à la Prusse, à l'Autriche, doivent, au
» terme du traité de Vienne, obtenir une re-
» présentation et des institutions nationales; l'I-
» talie ne sera pas régie d'après les lois de l'Au-
» triche et de la Hongrie. Il n'est pas jusqu'à
» l'île d'Elbe qui n'ait compté à la fois un dé-
» tenteur et un aspirant.

» Si de l'Europe on passe aux colonies, on
» trouvera que le pavillon blanc et le pavillon
» noir se disputent Saint-Domingue; que l'an-
» cien maître blanc demande au nouveau maître
» noir de lui restituer ses champs fertiles, et de
» les faire fructifier de nouveau pour lui : on
» trouvera l'immense Amérique ébranlée toute
» entière, et ruisselante d'un sang répandu
» pour et contre l'Espagne, pour la liberté du
» nouveau monde, en opposition de la dépen-
» dance que l'ancien veut maintenir, pour la
» supériorité et la domination des Européens,
» contre l'égalité et l'émancipation que les en-
» fans de l'Amérique réclament.

» Le Portugal et le Brésil sont encore unis de
» nom, mais dans une position inverse de ce
» qu'elle était antérieurement au passage du
» prince régent en Amérique; ils ne peuvent

» plus maintenir leurs anciens liens dans un
» contraste si nouveau.

» Sûrement, jamais le soleil n'a éclairé rien
» de pareil. Se tourne-t-on du côté du civil, c'est
» le même spectacle : en combien de pays la
» terre ne compte-t-elle pas de doubles pro-
» priétaires? Quelle est la place qui n'ait pas eu
» plusieurs titulaires qui sont exposés à se ren-
» contrer tous les jours? On dirait qu'un double
» esprit anime les hommes, et s'est emparé
» d'eux. Les mots ont deux acceptions, les ac-
» tions deux mesures; et pour que ces balances
» soient moins justes, ce sont toujours des ba-
« lances de parti. »

Je ne prolongerai pas la citation; il suffit de
s'arrêter à cette proposition naïve : *quelle est la
place qui n'ait pas eu plusieurs titulaires exposés à se rencontrer tous les jours?* voilà le mot
de cette double énigme dont le secret, vous le
voyez, n'est pas plus impénétrable que celui de
la fameuse énigme des *contrastes* de M. Lucet.

Si nous en examinons d'ailleurs toutes les
parties, nous reconnaîtrons combien le cours des
événemens et les progrès de la saine raison ont
simplifié les difficultés que M. de Pradt croyait
rencontrer. Que devient son chapitre ambigu
devant cette simple énonciation : la Suède reconnaît le roi qu'elle s'est choisi, comme aujour-
d'hui l'Angleterre reconnaît et vénère les descen-
dans de Guillaume III, librement élus, devenus

à leur tour légitimes par l'hérédité consacrée dans sa famille? Où donc est aujourd'hui le compétiteur du roi de Naples? Les prétentions respectives de Charles IV et de Ferdinand VII ne sont-elles pas réglées de droit comme de fait? Quelques hommes, dit-on, ont régné où d'autres règnent aujourd'hui. Est-ce bien du mot *régner* que M. de Pradt a voulu se servir? Sans doute un homme a *gouverné*, là où *régnait*, absent, un roi qui *règne* aujourd'hui sur son trône : il y a eu double emploi dans le fait; il ne pouvait en exister dans le droit : les hasards sont nombreux, mais la justice est une.

Je ne vois pas plus d'ambiguité dans la situation politique de la Saxe, dans celle de la Pologne, plus compacte, plus nationale que jamais. C'est par plaisanterie, sans doute, qu'on donne deux maîtres à l'île d'Elbe; au moins l'un des deux a-t-il abdiqué sa souveraineté sur cette île, le 1er mars 1815. Le reste de ces antithèses diplomatiques n'est pas plus sérieux, si ce n'est que j'avoue, avec l'auteur, qu'en effet *il y a peu de places qui n'aient eu deux titulaires exposés à se rencontrer tous les jours.* Mais en révolution, cet inconvénient n'est pas plus rare qu'il ne l'est, dans une foule publique, qu'une tabatière ait successivement deux maîtres, sauf à ce qu'elle retrouve son véritable devant la justice.

Non, il n'y aura plus, il faut le dire avec

assurance, de luttes d'hommes, de compétitures de famille, et de rivalités de droits. Il n'y a plus qu'une lutte, celle des principes et des priviléges; il n'y a plus qu'une compétiture, celle du système représentatif et de la monarchie absolue. Voilà toutes les rivalités réduites à des abstractions ; les peuples sont las de sacrifices pour un homme; ils n'en conçoivent plus que pour la liberté ou pour celui qui la leur aurait donnée. Tel est l'état moral de l'Europe, et plus particulièrement de la France. C'est à des concessions libérales que la nation française a reconnu la légitimité des Bourbons : le pouvoir légitime se fortifie de ce qu'il accorde ; l'usurpation s'affaiblit de ce qu'on lui demande, même alors qu'elle le refuse. Voilà, pour ce qui nous concerne, le double point de vue sous lequel se présente notre situation intérieure : légitimité reconnue et sentie par la nation ; droits nationaux, et système représentatif concédés par le Roi.

Puisque j'ai prononcé le mot de légitimité, au moment où vient d'être publiée la brochure de M. Bignon, je n'omettrai pas une réflexion que m'ont trop souvent inspirée les discussions, au moins inconvenantes, élevées sur ce dogme politique, par ceux-là mêmes qui proclament et consacrent comme une garantie constitutionnelle, le principe de l'hérédité. Que signifie cette distinction de mots, là où je ne vois qu'une parfaite synonimie d'idées ? La légitimité, c'est l'hé-

rédité continuée; car l'hérédité qu'on institue-
rait aujourd'hui par élection, deviendrait, pour
nos enfans, la légitimité. Et, si l'on demande
l'hérédité, pour prévenir les secousses et les
dangers de l'élection, renouvelée de règne en
règne, pourquoi se résignerait-on à subir une
fois cet inconvénient, en fondant l'hérédité soi-
même, quand on peut l'éviter, en continuant
l'hérédité déjà fondée, et qui est devenue la légitimité, comme l'ouvrage d'aujourd'hui deviendrait aussi légitime, après plusieurs siècles? Ce
droit d'élection que l'on ravirait d'avance à ses
propres enfans, en leur imposant l'hérédité
qu'on aurait fondée avant eux, comment peut-
on prétendre à se l'arroger soi-même, quand on
a reçu de ses pères une hérédité, pareillement
consacrée par eux, après une libre élection? Ces
antécédens ne sont-ils pas aussi obligatoires
pour nous, que les nôtres le seraient pour nos
neveux? et n'ont-ils pas, de plus, l'avantage de
prévenir ces secousses d'élection dont nous
voudrions éviter le danger à nos successeurs, en
fondant une hérédité, inviolable pour eux? Il
est si vrai que la légitimité n'est autre chose que
l'hérédité continuée dans une famille librement
élue, qu'il est certain qu'un descendant des
Stuarts, en Angleterre, ou des Carlovingiens, en
France, ne serait pas moins un usurpateur, que
tel autre candidat qu'un parti mettrait en avant.
Cet aperçu sur la légitimité, qu'on s'efforce sans

cesse de distinguer de l'hérédité, en refusant de
reconnaître, dans l'une, une garantie constitutionnelle, comme dans l'autre, cet aperçu,
dis-je, m'a paru digne d'être indiqué. On serait
bien vite d'accord sur les choses, si l'on se ren-
dait toujours compte des mots, et surtout, si
l'on mettait de côté les passions des hommes (1).

Telles sont les garanties que la France possède
pour elle-même, et qu'elle présente à l'Europe,
près de proclamer son émancipation. Devant
elles cèdent la force des armes et les terreurs

---

(1) « On vous parle de légitimité ! mais, réfléchit-on
que la légitimité et la royauté ne sont qu'une seule et
même chose, que l'une ne saurait exister sans l'autre ?
Que pourrait-on entendre par une légitimité viagère ?
Hors la légitimité, tout n'est que trouble et confusion ?
Exposée à tant de périls, battue par tant d'orages, brisée
et non détruite sur tant d'écueils, la France a trouvé une
ancre à laquelle elle s'est attachée ; cette ancre est la
légitimité ! il ne lui est plus permis de s'en détacher pour
son salut comme pour son honneur. La royauté n'existe
que par la légitimité ; sans elle il n'y a qu'usurpation.
L'usurpateur gouverne et ne règne pas. Pour lui (ne l'a-
t-il pas proclamé lui-même), le trône n'est qu'un morceau
de planche couvert de velours. La légitimité seule donne
des droits à la confiance des peuples ; seule elle est impé-
rissable comme elle est sainte : tout ce qui tendrait à en
écarter ne peut produire qu'infamie et déshonneur, non-
seulement pour les hommes, mais pour les peuples. »

*(Discours de M. le Ministre de la police générale à la
Chambre des Députés, sur la liberté individuelle.)*

ou les prétextes de la diplomatie. Par elles la
France remonte à son rang, et, libre au-dedans,
devient indépendante au-dehors ; son repos intérieur répond de la tranquillité européenne :
ainsi se voit-elle réservée de tout temps à faire
les destins des autres peuples, par la paix comme
par la guerre.

Une occasion prochaine se présente pour con-
sacrer, et pour exercer même les prérogatives
que la France recouvre avec son indépendance.
Si l'Espagne réfère de ses différends avec le
Portugal, et de ses droits sur l'Amérique méri-
dionale, à la médiation des hautes puissances,
peut-on douter que la cour de France, unie à
l'Espagne par des liens de famille, comme par
des intérêts politiques, ne soit introduite dans
le comité médiateur, autant comme grande
puissance, que comme alliée du gouvernement
de S. M. Catholique ? Ainsi nous verrons le nom
de la France occuper sa place dans le protocole
alphabétique (1) des cours, et celui de Richelieu,
si digne de l'accompagner, prendre rang parmi
ceux des hommes d'État auxquels les peuples
aiment à voir confier la discussion de leurs plus
graves intérêts.

---

(1) La diplomatie n'ayant admis aucune prééminence
de peuple ni de cour, les protocoles énoncent les noms
des signataires par ordre alphabétique. C'est à ce titre
que l'Angleterre figure toujours en tête.

Espérons toutefois que cette discussion ne se prolongera point, et ne se renouvèlera plus. Il est temps de s'arrêter, pour les autres comme pour nous. Chacun pour soi; que ce soit là désormais l'axiome diplomatique de tous les cabinets. Les dernières nouvelles reçues d'Aix-la-Chapelle, et qui terminent le post-scriptum de cette lettre, désappointeront sans doute les rêveurs qui s'élançaient dans des spéculations politiques, sur lesquelles spéculaient à leur tour les pamphlétaires et les imprimeurs. Le congrès tourne court, selon toute apparence. Moi-même qui vous ai gravement énuméré la série des importantes questions dont on pouvait présumer que mention serait faite, *tandis que je délibère à Aix-la-Chapelle*, je pourrais bien être réveillé par l'arrivée des souverains à Paris. J'en bénirai leur sagesse, sans renoncer toutefois au besoin d'épuiser les quatorze questions que je me suis proposées. Les vérités sont bonnes à dire, même sans autre but que de dire des vérités. Si votre patriotisme se rassure en voyant de sages monarques s'abstenir de discussions, au moins délicates, votre curiosité n'y perdra rien : nous ferons un congrès entre nous deux; nous jugerons; nous déciderons une question par jour, et puis nous rêverons, la nuit, qu'on exécute nos arrêts.

Je suis, etc. B.

P. S. J'attendais le moment décisif : je vous ai fait grâce du récit, au moins inutile, des allées et venues de tous les personnages appelés au congrès, et dont les journaux vous ont gravement révélé le passage de ville en ville : je me suis pareillement dispensé de discuter avec vous le prix des loyers de chaque hôtel, à l'exemple de nos gazettes : tout cela nous a coûté trop de millions, pour marchander encore quelques mille francs : il me suffisait de pouvoir vous annoncer que tout le monde serait réuni, au 1er octobre, que tout serait soldé, pour notre part, au 20 novembre, et qu'avant cette époque, l'Europe aura levé son hypothèque armée. Ne vous étonnez donc point que j'évite de répéter ici toutes les niaiseries que les journaux insèrent avec empressement sous le titre de *Correspondance particulière d'Aix-la-Chapelle.* Peu vous importe de savoir quel jour, à quelle heure, et par quels chemins sont arrivés les ministres d'État et les diplomates d'office ; ce qui vous intéressera davantage, et ce que je m'empresserai de vous annoncer le premier, ce sera le moment de leur départ, chacun pour ses affaires ; car il est temps de faire nous-mêmes les nôtres. MM. les princes de Hardemberg et de Metternich se sont concertés, avant de se réunir à Aix-la-Chapelle ; c'est un congrès de ministres qui prépare un congrès de rois ; les journaux allemands continuent de contrarier les conjectures des gazettes anglaises ; on ne s'occupera que de la France, disent les uns ; on continuera les opérations du congrès de Vienne, répliquent les autres ; au milieu de ces discussions, personne ne songe à dire que l'évacuation soit douteuse ; c'est chose convenue. Pourquoi donc se réunira-t-on, de si loin, avec tant de solemnité ? Pour décider ce qu'on ne discutera pas, disent ceux-ci ; pour discuter ce qu'on ne décidera point, répondent ceux-là : voilà quelles incertitudes régnent encore. Que nous importe, puisqu'il n'y en a point pour nous.

— Le grand duc de Baden ayant eu le 21 septembre une violente attaque de nerfs, qui fit craindre pour ses jours, réunit ses ministres, et décida que les semestriers seraient à l'instant rappelés et des troupes dirigées sur Manheim, Heydelberg, Bruchsal, etc. ; le reste de l'armée se concentrera dans le Brisgau. Ces mesures militaires ont pour but, assure-t-on, de prévenir de la part des Bavarois, à leur retour de France, une halte dans le Palatinat, et de celle des Autrichiens une station dans le Brisgau.

— Les *Annales européennes*, ouvrage publié à Stuttgard chez l'imprimeur Cotta, contenaient très-récemment un article, au moins indiscret, sur la situation du prisonnier de Ste.-Hélène, et sur ses droits à un changement de fortune. Les détails que cet article renferme sur le genre de vie de Buonaparte, dans son exil, et l'appel indirect fait à d'augustes personnages, en faveur du prisonnier, ont donné quelque sujet de croire qu'un officier français, nouvellement arrivé de Ste.-Hélène, n'était pas étranger à sa rédaction : cette pétition (car cet article en a toute la forme), porte en titre : *Encore un objet digne de l'attention des Souverains réunis en congrès.*

— On mande de Bruxelles que quelques familles anglaises témoignent ou affectent une inquiétude outrageante sur les conséquences de l'évacuation pour les voyageurs anglais qui se sont momentanément établis en France. Des allarmistes appostés cherchent à effrayer leurs compatriotes et à les détourner de visiter notre patrie. Il suffit de signaler ces craintes absurdes, ou ces coupables manœuvres, pour en faire justice. Est-ce pour des voyageurs désarmés et confians que les Français réservent une impatience qu'ils n'ont pas témoignée à des troupes cantonnées chez eux ? Il est permis de soupçonner que ces alarmes ne sont pas répandues sans dessein, et assurément une telle défiance est moins honorable pour ceux qui peuvent la concevoir que pour ceux qui n'ont jamais mérité de l'inspirer. — Le retour de madame Récamier en France, annoncé par les journaux de Paris, est démenti par toutes les lettres d'Aix-la-Chapelle (1). Je ne sais ce qu'il faut en penser : peut-être, en fait de nouvelles du congrès, les sources du Rhin sont-elles plus pures que celles de la Seine ; au moins est-il permis de se demander ce qu'il faudra croire, par la suite, sur des faits bien plus sérieux et des affaires beaucoup plus secrètes, si, dès aujourd'hui, les nouvellistes des deux villes ne s'accordent pas sur le séjour d'une personne dont il est trop naturel de remarquer la présence.

— Existerait-il en effet un rapport intime entre les intrigues des cabinets et celles des boudoirs ? c'est la naïve question que m'adresse un correspondant qui remarque que pas une voi-

---

(1) Je reçois au moment même l'avis que son départ a dû en effet avoir lieu le 1er octobre.

ture diplomatique n'arrive, qu'elle ne soit suivie de près par l'équipage galant de quelque belle dame. Jusqu'à présent, les Parisiennes ont la pomme; ce qui est d'assez bon augure pour notre influence. La loi salique ne s'étend pas jusqu'à nos relations au dehors, et les Françaises régnent partout où elles se montrent. — On annonce que le banquier Parish, d'Anvers, riche propriétaire en Amérique, chargé des intérêts de Joseph Bonaparte, s'est rendu à Aix-la-Chapelle, pour solliciter en faveur de Mme la comtesse de Survillers, actuellement à Francfort, la permission de venir à Paris, près de son auguste sœur, S. M. la reine de Suède, et de s'embarquer ensuite pour rejoindre son époux, appelé, dit-on, dans le *Champ d'Asyle*, par ses nouveaux colons. — La diète de Francfort est en vacance pendant le congrès d'Aix la-Chapelle. Avant qu'elle reprenne ses opérations, il est bon de récapituler les objets qui attendent sa décision : on y compte la compétence, qui est plus vague que jamais ; les droits des médiatisés, diversement interprétés par chacune des constitutions concédées; la matricule basée sur la population des Etats confédérés ; les ordonnances concernant la libre circulation des grains ; la constitution civile des Juifs en général, et de ceux de Francfort en particulier ; l'exécution de l'art. 13 de l'Acte fédératif; les dettes du ci-devant Palatinat du Rhin, dont ne veulent se charger ni l'ancien ni l'actuel possesseur; les plaintes des patriciens et des catholiques de Francfort; celles des acquéreurs de domaines westphaliens ; enfin le nombre infini de réclamations débattues dans le comité militaire. Voilà sans doute une vaste matière à de longs travaux de détails, auxquels on ne peut espérer que le congrès donne son attention, mais auxquels on peut désirer qu'il donne une impulsion plus rapide. — Des avis particuliers insinuent que les voyageurs invités à quitter *Aix-la-Chapelle* dans le délai de vingt-quatre heures, étaient des agens du gouvernement indépendant de Buénos-Ayres. Cette mesure prouverait clairement que les souverains ont en effet refusé la médiation qu'on réclamait d'eux ; car il ne serait pas présumable qu'après l'avoir acceptée, on repoussât les mandataires de l'une des parties.

— Les principaux banquiers de l'Europe sont réunis en congrès financier ; MM. Baring, de *Londres*, Mendelshom, de *Berlin*, Rotschildt, Gontard et Bethmann, de *Francfort*, Parish, d'*Anvers*, et Mappes, de *Mayence*; leur présence à Aix-la-Chapelle, et le soin que les gazettes ont pris de l'annoncer, inspirent à l'un de mes correspondans ces réflexions un peu sévères, que je vous livre, sans les approuver entièrement. « Sans la sage politique et l'intime union des cours les plus influentes, le congrès, m'écrit-on, offrirait peut-être le spectacle d'une bourse politique, beaucoup plus disposée à traiter d'inscriptions de rentes, de partages, de ventes de territoire, en Amérique et en Europe, qu'occupée d'institutions politiques, et de transactions propres à consolider les fondemens d'une paix stable et générale entre les rois et entre les peuples, qui ne signent pas les traités mais qui les exécutent. Sans doute il eût été permis de concevoir des craintes semblables, en voyant les premiers banquiers de l'Europe annoncés avec ostentation, dans ce congrès, où des princes souverains ne pourront assister qu'*incognito* ». Telles sont, répondrai-je, les conséquences naturelles du système des emprunts; les emprunts ne sont eux-mêmes que les conséquences forcées des tributs onéreux imposés par des traités; et sous ce rapport, les ministres contractans n'ont pris que trop de soin d'accréditer les banquiers. — J'ai sous les yeux un article récent d'une compilation imprimée à Paris, dont le but est de *prémunir les peuples* contre les conséquences des opérations du congrès d'Aix-la-Chapelle, et particulièrement du projet que l'empereur Alexandre aurait reproduit, d'après Henri IV, celui de former une fédération de toutes les puissances de l'Europe, à l'effet d'assurer, par le protectorat successif de chacune d'elles, une paix solide et durable. Le rédacteur du recueil ajoute gravement : « au moment où des projets si menaçans pour la liberté des peuples sont en question, combien ceux qui sont régis par des gouvernemens représentatifs ne doivent-ils pas regretter d'être privés du droit de s'immiscer dans les traités! Il est permis de douter qu'un pacte d'alliance et de solidarité entre les têtes couronnées eût été du nombre de ceux que les représentans des nations eussent sanctionnés ». Je m'abstiendrai de qualifier cet appel à l'opinion populaire : et je regrette de rappeller à des libéraux que les conséquences les plus exagérées du système représentatif, ne s'étendent pas jusqu'à donner aux représentans de la nation, en ce qui concerne le droit de paix ou de guerre, d'autre sanction que celle du vote des subsides, nécessaires pour l'exécution des traités, ou pour l'équipement des armées. Or, le plan

supposé ne me paraît point présenter de mo-
tifs d'impôts : c'est une paix à bon marché , et
il faut avoir l'humeur bien belliqueuse pour repousser des garanties gratuites, quand on a
contribué, pour sa part, à procurer à sa patrie une paix beaucoup plus coûteuse. Il serait encore plus aisé de démontrer à ces. mes-
sieurs qu'il y a toujours moyen de protester
contre les traités les plus inévitables, si nous
prenions le soin de deviner, presque à coup
sûr , les noms des dix-sept députés qui ont ré-
pondu par des boules noires , à la demande
faite dans les Chambres , du prix de la ran-
çon de la France. Ces dix-sept votes sont , à
leur manière, une *note secrétte*. J'ajouterai que
le *Vrai Libéral* , héritier du *Nain jaune* ,
trouvant sans doute les conditions du traité
du 20 novembre trop douces pour une nation , désormais résolue à repousser avec mé-
pris toutes les doctrines révolutionnaires, prend
soin d'avertir les souverains étrangers, de l'existence du traité de Châtillon, qui plaçait notre
patrie sous la surveillance des hautes puissances , pendant vingt ans, et leur rappelle que
l'évacuation doit être retardée encore de dix-
sept. Nous remercions au nom de la France,
les auteurs du *Vrai Libéral* d'avoir une si
bonne mémoire : les dix-sept ans qu'ils nous
souhaitent valent bien les dix-sept boules
qui risquaient de nous les donner. — L'arrivée, à Londres, du docteur O'Meara, a
produit le bulletin suivant : il a laissé Buonaparte dans un état de santé peu favorable. Le foie
est décidément le siége du mal, et il a acquis un
volume considérable qui prépare la suppuration

prochaine. Le malade cède enfin à la nécessité de faire usage du calomelas, dont il prend trois doses par jour. Le soin de sa santé est confié à M. Stokoë, chirurgien du *Conqueror*. Tous les avis puisés à des sources pures, réfutent d'ailleurs les bruits répandus sur la nécessité d'un changement d'air pour ce prisonnier, et sur les démarches qui auraient dû être faites à ce sujet.

— *L'observateur autrichien*, du 15 septembre, et d'après lui, tous les journaux allemands annoncent que l'archiduchesse Marie-Louise avait pris congé de l'empereur, son père, et qu'elle retournait à Parme en passant par Salsbourg, Inspruck et Véronne, sans se détourner de cette route, même incognito, comme on l'avait insinué.

— Le sieur Maubreuil, condamné par la cour royale de Douay, et réfugié dans ce moment à Londres où il s'agite avec ardeur, pour se donner au moins l'importance du scandale, a préparé une *réclamation* qu'il adresse AU CONGRÈS. C'est le mot à la mode, c'est le point de mire de toutes les ambitions, de tous les intérêts, de tous les amours propres : à ce compte, Aix-la-Chapelle deviendrait une Babel politique. Mais dans l'embarras de ne savoir auquel entendre, les diplomates prendront sans doute le sage parti de n'écouter personne.

BULLETIN.

Aix-la-Chapelle, 29 septembre 1818.

(Je supprime les détails de l'entrée des Souverains, détails dont les journaux se sont emparés déjà) ..... On doute fort que les conférences soient longues. Les Souverains ont, à ce qu'on assure, annoncé leur intention d'écarter les questions nombreuses qu'on se préparait à leur soumettre. Du reste, personne ne met en doute l'évacuation de la France. Aujourd'hui les Monarques se sont réunis, à dîner, chez S. M. prussienne. La cordialité la plus rassurante régnait entre les augustes convives. A quatre heures, LL. MM. sont rentrées dans leur intérieur. L'empereur Alexandre part demain pour Spa, et sera de retour, avant le 4, pour assister à une fête. Les Souverains doivent passer une grande revue de départ, le 17, à Sédan ; le 18, on célébrera l'anniversaire de la bataille de Leipsick ; et là, dit-on, finira le congrès.

Aix-la-Chapelle, 30 septembre.

L'empereur Alexandre est parti à midi, pour Spa, sans suite ; S. M. reviendra le 2 à Aix - la - Chapelle. On assure que LL. MM. l'Empereur d'Autriche et le Roi de Prusse ont déclaré qu'ils ne voulaient pas que leur séjour se prolongeât au-delà de trois semaines. S. A. R. le prince Auguste, de Prusse, qui était arrivé récemment de Paris, est parti pour Berlin. Un aide-de-camp du général comte de Woronzoff, commandant en chef l'armée russe, vient de partir, d'Aix-la-Chapelle, pour aller reconnaître la plaine dans laquelle les Monarques passeront la grande revue qui doit avoir lieu le